essentials

Springer Essentials sind innovative Bücher, die das Wissen von Springer DE in kompaktester Form anhand kleiner, komprimierter Wissensbausteine zur Darstellung bringen. Damit sind sie besonders für die Nutzung auf modernen Tablet-PCs und eBook-Readern geeignet. In der Reihe erscheinen sowohl Originalarbeiten wie auch aktualisierte und hinsichtlich der Textmenge genauestens konzentrierte Bearbeitungen von Texten, die in maßgeblichen, allerdings auch wesentlich umfangreicheren Werken des Springer Verlags an anderer Stelle erscheinen. Die Leser bekommen „self-contained knowledge" in destillierter Form: Die Essenz dessen, worauf es als „State-of-the-Art" in der Praxis und/oder aktueller Fachdiskussion ankommt.

Vasilena Dimitrova · Mike Lüdmann

Sozial-emotionale Kompetenzentwicklung

Leitlinien der Entfaltung
der emotionalen Welt

Inhaltsverzeichnis

1 Einleitung 1

2 Zur Entwicklung der Fähigkeit zur Perspektivenübernahme 3
   2.1 Visuell-räumliche Perspektivenübernahme 4
   2.2 Konzeptuelle Perspektivenübernahme 4
   2.3 Emotionale Perspektivenübernahme 7
   2.4 Bedeutung der Fähigkeit zur Perspektivenübernahme
        für die Schulpraxis 7

3 Zur Entwicklung der Regulation und des Verständnisses von
   Emotionen 9
   3.1 Der Emotionsbegriff 9
   3.2 Die Entwicklung und Bedeutung der Emotionsregulation 10
   3.3 Die Entwicklung und Bedeutung des Emotionsverständnisses 13
   3.4 Die Bedeutung sozial-emotionaler Kompetenzen für das
        Sozialverhalten und schulischen Erfolg 14

4 Diagnostik, Prävention und Intervention 17

Literatur 19

Einleitung   1

Der folgende Beitrag gibt einen Überblick über die sozial-emotionale Kompetenzentwicklung und stellt dabei insbesondere die Entwicklung der Fähigkeit zur visuellen, konzeptuellen und emotionalen Perspektivenübernahme, die Entwicklung der Möglichkeiten zur Emotionsregulation und des Emotionsverständnisses in den Fokus. Der Beitrag ist ursprünglich im Buch *Sozialerziehung in der Schule*, herausgegeben von Maria Limbourg und Gisela Steins, erschienen.

> Julius und Peter sind Freunde seit der Kindergartenzeit und werden gemeinsam eingeschult. Julius kann lesen, seitdem er vier Jahre alt ist. Zu Hause und im Kindergarten wurde er immer deswegen gelobt. Peter kann noch nicht lesen, genau wie die meisten anderen Kinder. Julius meldet sich immer, wenn die Lehrerin eine Frage stellt, wird aber nur manchmal aufgefordert. Julius möchte in den Pausen mit Peter spielen. Der spielt aber lieber mit anderen Mitschülern und möchte mit Julius nur Zeit bei der Erledigung der Hausaufgaben verbringen. Dies kommt recht häufig vor. Irgendwann bittet Peter Julius wiederholt um Hilfe, Julius möchte ihm nicht mehr helfen. Peter kann gar nicht verstehen, warum Julius sich so verhält.

Warum verhält sich Julius so? Warum kann Peter Julius Verhalten nicht verstehen? Welche Gedanken und Emotionen beschäftigen beide? Auch wenn solche Fragen von Erwachsenen und auch den meisten Jugendlichen leicht beantwortet werden können, haben jüngere Kinder Schwierigkeiten dabei, sich in andere hineinzuversetzen.

Unter sozialen Kognitionen werden die gedanklichen Vorgänge verstanden, die sich mit der Verarbeitung von Informationen über soziale Objekte, Geschehnisse, Personen oder Gruppen beschäftigen (Pendry 2007). Solche Informationen sind in Form von Schemata abgespeichert. Ein Schema ist eine kognitive Struktur, die alle für das Individuum vorhandene Informationen über ein bestimmtes Objekt, Ereignis, Person oder Gruppe beinhaltet (ebd.). Diese Inhalte können sehr unterschiedlich sein: z. B. in Kategorien geordnet, mit genauen Definitionen festgelegt, durch

Beschreibungen dargestellt, mit Erwartungen, Emotionen und Hoffnungen verknüpft. Die Schemata entstehen durch eine Auseinandersetzung des Individuums mit der Umwelt und basieren somit auf den dadurch entstehenden Erfahrungen.

> **Beispiel**
>
> Jedes Individuum (das eine Bildungsinstitution besucht hat) verfügt über ein „Prüfungsschema". Hier können aufgrund vergangener Erfahrungen Informationen abgespeichert sein. Diese können unterschiedliche Fragen (direkte, komplizierte, einfache), Prüfer (freundlich, engagiert, streng), Beisitzer (jung, still), Verhaltensweisen (Begrüßen, Fragen beantworten, Beispiele geben), Emotionen (aufgeregt, gespannt) betreffen.
>
> Das Individuum befindet sich in einer Prüfungssituation. Mithilfe des „Prüfungsschema" weiß das Individuum sofort, wie es sich verhalten soll. Es muss nicht bei jeder Prüfung die Situation erst mal neu erkunden und kann sich auf die Inhalte konzentrieren.

Solche Schemata existieren nicht unabhängig voneinander, sie stehen in Verbindung und bilden das Wissen über die Umwelt des Individuums. Mit Hilfe dieser kognitiven Strukturen ist jede Person in der Lage, die Geschehnisse aus ihrer Umwelt auf eine subjektiv empfundene effektive Art und Weise zu verarbeiten und Vorhersagen über zukünftige Phänomene, Ereignissen und Verhaltensweisen zu erstellen. Diese Vorannahmen werden als naives Wissen oder als Alltagstheorien bezeichnet. Die Alltagstheorien entstehen aufgrund individueller, persönlicher oder kultureller Erfahrungen und basieren im Vergleich zu wissenschaftlichen Theorien nicht auf durch Gütekriterien überprüften Erkenntnissen. Die damit verbundenen Vorhersagen können sich auf eigene oder fremde Verhaltensweisen, Erlebnisse, Emotionen oder Gedanken beziehen.

Dipl.-Psych. Vasilena Dimitrova
Universität Duisburg-Essen
Essen
Deutschland

Dipl.-Psych. Mike Lüdmann, M.A.
Universität Duisburg-Essen
Essen
Deutschland

ISSN 2197-6708
ISBN 978-3-658-04758-0
DOI 10.1007/978-3-658-04759-7

ISSN 2197-6716 (electronic)
ISBN 978-3-658-04759-7 (eBook)

Die Deutsche Nationalbibliothek verzeichnet diese Publikation in der Deutschen Nationalbibliografie; detaillierte bibliografische Daten sind im Internet über http://dnb.d-nb.de abrufbar.

Springer VS
© Springer Fachmedien Wiesbaden 2014
Das Werk einschließlich aller seiner Teile ist urheberrechtlich geschützt. Jede Verwertung, die nicht ausdrücklich vom Urheberrechtsgesetz zugelassen ist, bedarf der vorherigen Zustimmung des Verlags. Das gilt insbesondere für Vervielfältigungen, Bearbeitungen, Übersetzungen, Mikroverfilmungen und die Einspeicherung und Verarbeitung in elektronischen Systemen.

Die Wiedergabe von Gebrauchsnamen, Handelsnamen, Warenbezeichnungen usw. in diesem Werk berechtigt auch ohne besondere Kennzeichnung nicht zu der Annahme, dass solche Namen im Sinne der Warenzeichen- und Markenschutz-Gesetzgebung als frei zu betrachten wären und daher von jedermann benutzt werden dürften.

Gedruckt auf säurefreiem und chlorfrei gebleichtem Papier

Springer VS ist eine Marke von Springer DE. Springer DE ist Teil der Fachverlagsgruppe Springer Science+Business Media
www.springer-vs.de

Zur Entwicklung der Fähigkeit zur Perspektivenübernahme 2

Die vom Individuum gemachten Erfahrungen und konstruierten Schemata beeinflussen die Wahrnehmung sozialer Situationen. Zudem ist die Fähigkeit zur Perspektivenübernahme eine wichtige Voraussetzung für jegliche zwischenmenschliche Interaktion. Gerade im schulischen Alltag spielen die hier fortwährend vorhandenen sozialen Interaktionen zwischen den einzelnen Akteuren im schulischen System eine bedeutsame Rolle.

Das oben dargestellte Beispiel verdeutlicht, dass Clara versucht, die Situation aus der Perspektive von Nele zu betrachten.

Geulen (1982) fasst dieses Phänomen zusammen:

> Hier geht es darum, daß wir auf der Grundlage unserer Kenntnis von der Position, vom Verhältnis eines anderen zu der Sache, in begründeter Unterstellung imaginieren können, wie *ihm* die Sache erscheint, welches seine Perspektive ist, und daraus wiederum Schlüsse ziehen können, wie er voraussichtlich handeln wird. Dies hat dann wiederum Konsequenzen für die Planung unseres eigenen Handelns. So etwa läßt sich vorläufig umschreiben, was […] als *role-taking* oder *perspective-taking* bezeichnet und hier „Perspektivenübernahme"[1] genannt wird. (Geulen 1982, S. 11)

Die Fähigkeit zur Perspektivenübernahme ist als eine grundlegende Voraussetzung zum Verständnis von Verhaltensweisen, verschiedenen Standpunkten, Gedanken und Emotionen anderer zu verstehen. In der Forschung gibt es drei grobe Unterscheidungen: visuell-räumliche, konzeptuelle und affektive Perspektivenübernahme (Steins & Wicklund 1993).

---

[1] Die Bezeichnung Perspektivenübernahme wird in diesem Kapitel sowohl für role-taking als auch für perspective-taking benutzt.

2.1 Visuell-räumliche Perspektivenübernahme

Die visuell-räumliche Perspektivenübernahme ist „auf die physikalische Qualitäten der Perspektive einer anderen Person[...] bezogen" (Steins & Wicklund 1993, S. 227).

Jean Piaget (1896–1980) hat sich mit der kognitiven Entwicklung von Kindern und Jugendlichen beschäftigt. Diese unterteilt er in vier Phasen: senso-motorische (ungefähr 0–2 Jahre), prä-operatorische (ungefähr 2–6 Jahre), konkret-operatorische (ungefähr 6–12 Jahre) und formal-operatorische Phase (ungefähr 12–18 Jahre). Sie sind nach Piaget eine Miniaturabbildung der menschlichen Entwicklung während der Evolution. Die vier Phasen sind nach Piaget aufeinanderfolgend, kulturunabhängig und global (Piaget 2003).

In der zweiten Phase beschreibt Piaget Kinder als egozentrisch. Unter Egozentrismus versteht er die Unfähigkeit des Kindes, einen fremden Standpunkt zu übernehmen. Dies zeigt er in einem Versuch (Piaget & Inhelder 1956), in dem er das Kind in einem dreidimensionalen Drei-Berge-Pappmodell vergangene und fremde Betrachtungsaussichten einschätzen lässt. Für das Kind, das sich in der prä-operatorischen Phase befindet, ist die Lösung dieser Aufgabe nicht möglich. In den anschließenden Phasen steigt die Anzahl der richtigen Antworten an. Mit zehn Jahren kann das Kind diese Aufgabe lösen. Spätere Untersuchungen konnten zeigen, dass durch Vereinfachung der Experimentalbedingungen (Fishbein et al. 1972), Unterstützung durch Orientierungshilfen (Acredolo 1977) und eine vertraute Umgebung (Acredolo 1979) schon deutlich jüngere Kinder in der Lage sind, ähnliche Aufgaben zu lösen.

2.2 Konzeptuelle Perspektivenübernahme

Der Begriff konzeptuelle Perspektivenübernahme „bezeichnet das Verständnis für die Gesamtsituation einer anderen Person" (Steins & Wicklund 1993, S. 228). Das Verständnis geht über die physikalischen und beobachtbaren Eigenschaften des Geschehens hinaus und beinhaltet die inneren, nicht-beobachtbaren Vorgänge innerhalb der Person. Die Theory of Mind (ToM) beschäftigt sich mit solchen Annahmen.

Sodian bezeichnet die ToM als „alltagspsychologische Konzepte, die wir benutzen, um uns selbst und anderen mentale Zustände zuzuschreiben" (Sodian 2007, S. 44). Wimmer und Perner (1983) überprüfen die Entwicklung solcher Annahmen bei Kindern durch eine Aufgabe zum Verständnis von falschen Überzeugungen („Maxi-Aufgabe", s. Beispiel).

2.2 Konzeptuelle Perspektivenübernahme

Beispiel

Maxi-Aufgabe. Maxi und seine Mutter kommen vom Einkaufen nach Hause. Maxi hilft seiner Mutter, die Einkäufe auszupacken. Er legt die Schokolade in den blauen Schrank. Maxi merkt sich genau, wo er die Schokolade hingetan hat, damit er sich später welche holen kann. Dann geht er auf den Spielplatz. [...] Im weiteren Verlauf der Geschichte nimmt die Mutter die Schokolade aus dem blauen Schrank und legt sie zurück, aber nicht in den blauen, sondern in den grünen Schrank. Sie geht aus der Küche, und Maxi kommt hungrig vom Spielplatz zurück. (Lockl et al. 2004, S. 210) Anschließend werden die Probanden befragt, wo Maxi die Schokolade suchen wird.

Wimmer und Perner (1983) stellen fest, dass fast alle Kinder unter drei Jahren die Aufgabe falsch lösen. Die Hälfte der vier- bis fünfjährigen und fast alle sechs- bis siebenjährigen Kinder beantworten diese Frage richtig. In einer Metaanalyse von 178 Studien können Wellmann et al. (2001) ähnliche Ergebnisse bestätigen. Perner und Wimmer (1985) beschäftigten sich mit Überzeugungen über Überzeugungen (Peter denkt, dass Julius denkt, dass...) und stellten fest, dass erst die sieben- bis achtjährigen Kinder über diese Fähigkeit verfügen.

Inspiriert von Piagets und Meads Arbeit postuliert Selman (1984) ein Stufenmodell zur Entwicklung der sozialen Perspektivenübernahme. Er geht mithilfe von Dilemmata-Geschichten (s. Beispiel) der Frage nach, wie sich die Fähigkeit zur sozialen Perspektivenübernahme mit dem Alter verändert.

Beispiel

Dilemmata-Geschichte: Holly, ein achtjähriges Mädchen, klettert gerne auf Bäume. Sie ist der beste Kletterer in der ganzen Nachbarschaft. Eines Tages fällt sie beim Herabsteigen von dem niedrigsten Ast eines hohen Baumes herunter, tut sich aber nicht weh dabei. Ihr Vater sieht, wie sie herunterfällt. Er ist bestürzt und verlangt von ihr das Versprechen, nicht mehr auf Bäume zu klettern. Holly verspricht es ihm.

Später am gleichen Tag treffen Holly und ihre Freundinnen Sean. Ihr Kätzchen ist auf einen Baum geklettert und kann nicht mehr herunterkommen. Irgendetwas muß sofort unternommen werden, damit das Kätzchen nicht herunterfällt. Holly ist die einzige, die gut genug klettern kann, um an das Kätzchen heranzukommen und es herunterzuholen: sie erinnert sich jedoch an das Versprechen, das sie ihrem Vater gegeben hat. (Selman 1984, S. 49)

Das Stufenmodell von Selman (1984) basiert auf der Annahme, dass junge Kinder zunächst nicht in der Lage sind, die eigenen Gedanken und Gefühle von fremden zu unterscheiden. Er nimmt an, dass die Selbst- und Fremdunterscheidung bis zum Alter von ungefähr zwei Jahren noch nicht ausgeprägt ist. Meltzoff (1990) konnte in einer Studie zeigen, dass Säuglinge ab dem Alter von 14 Monaten eine Differenzierung zwischen dem Selbst und anderen vornehmen.

Selman (1984) nimmt fünf Niveaus in der Entwicklung der Perspektivenübernahme an, diese sind, ähnlich wie bei Piaget, aufeinander aufgebaut und an ungefähre Altersstufen gebunden. Auf dem Niveau 0 (Undifferenzierte und egozentrische Perspektivenübernahme, ungefähr 3–8 Jahre) erkennt das Kind, dass andere Perspektiven (Gedanken und Gefühle) existieren, kann aber noch nicht eine andere Interpretation dieser akzeptieren. Selman begründet dies mit noch existierenden Schwierigkeiten der Trennung von eigener und fremder Perspektive. Eine weitere Erklärung ist die Vermischung von subjektiven und objektiven Aspekten des sozialen Geschehens (Wunsch und Realität). Auf dem nächsten Niveau (Niveau 1 - Differenzierte und subjektive Perspektivenübernahme, ungefähr 5–9 Jahre) beschäftigt sich das Kind mit inneren (psychologischen, verdeckten) Vorgängen. Zudem entsteht in diesem Niveau die Erkenntnis, dass die Interpretation von Handlungen aufgrund von Überlegungen über Gründe und Motive individuell sein kann. Ungefähr im Alter zwischen sieben und zwölf Jahren befindet sich das Kind auf dem Niveau 2 (Selbstreflexive/Zweite Person- und reziproke Perspektivenübernahme) und ist in der Lage, die eigenen Gedanken und Gefühle aus der Sicht einer anderen Person zu reflektieren. Auf diesem Niveau entsteht das Bewusstsein, dass das Verhalten nicht immer mit den gedanklichen Vorgängen übereinstimmt. „Personen verfügen über eine doppelschichtige soziale Orientierung: einerseits das äußere Erscheinungsbild, das möglicherweise nur aufgesetzt wird, und andererseits die wahre, versteckte innere Realität." (Selman 1984, S. 52). Dadurch entsteht beim Kind eine neue Repräsentation der Reziprozität von Handlungen, Gedanken und Gefühlen. Auf dem nächsten Niveau (Niveau 3 - Dritte Person- und gegenseitige Perspektivenübernahme, ungefähr 10–15 Jahre) werden mehrere Perspektiven gleichzeitig repräsentiert (z. B. gegenseitige Positionen in einer Diskussion). Dies ist eine qualitative Veränderung im Bewusstsein der Wechselseitigkeit und der Beziehungen zwischen menschlichen Sichtweisen. Die Entwicklung auf dem höchsten Niveau (Niveau 4 - tiefenpsychologische und gesellschaftlich-symbolische Perspektivenübernahme) findet ab einem Alter von ca. zwölf Jahren statt und ist durch einen langsamen Fortschritt gekennzeichnet. Die Heranwachsenden erkennen, dass Individuen Perspektiven aufgrund mehrerer und sehr verschiedener Informationsquellen (Erfahrungen, Aussagen, Gedanken, Gefühle, Meinungen, Werte) teilen können. Als Abschluss der Entwicklung der Fähigkeit zur Perspektivenübernahme wird die Herausbildung von einem (z. B. gesellschaftlichen) Perspektivsystem betrachtet.

2.3 Emotionale Perspektivenübernahme

Die Fähigkeit zur affektiven Perspektivenübernahme bezieht sich auf das Verständnis der emotionalen Verfassung anderer (Steins & Wicklund 1993). Häufig wird keine Unterscheidung zwischen Empathie und der affektiven Perspektivenübernahme unternommen.

Währen empathische Personen in der Lage sind den emotionalen Zustand einer anderen Person nachzuempfinden, bedeutet die affektive Perspektivenübernahme das Wissen und Verständnis dieses Zustandes. Borke (1971) und Chandler et al. (1972) beschäftigen sich mit der Frage, ab wann Kinder in der Lage sind das emotionale Befinden von anderen zu verstehen. Die Befunde sprechen von einer früheren Entwicklung dieser Fähigkeit, aber nur unter der Voraussetzung der Übereinstimmung mit den eigenen Gefühlen.

Steins und Wicklund (1993) berichten über gering ausgeprägte Zusammenhänge zwischen den oben dargestellten drei Aspekten der fremden Perspektiven untereinander und mit anderen Konstrukten. Dies führt zu der Annahme, dass die Fähigkeit zur Perspektivenübernahme als eine komplexe Konzeption, die aus mehreren Variablen besteht, zu betrachten ist.

2.4 Bedeutung der Fähigkeit zur Perspektivenübernahme für die Schulpraxis

Eine der wesentlichen Voraussetzungen für angemessenes Verhalten in sozialen Situationen ist, die Sichtweise eines anderen zu verstehen. Kompetenzen wie Empathie (Roberts & Strayer 1996), prosoziales Verhalten (Johnson 1975), moralische Entwicklung (Walker 1980) oder das Lösen von zwischenmenschlichen Problemsituationen (Marsh et al. 1980) werden durch die Fähigkeit zur Perspektivenübernahme positiv beeinflusst. Das Wissen über die Entwicklung der Fähigkeit der Perspektivenübernahme gibt der Lehrperson die Möglichkeit, den Unterricht anzupassen, und kann zum gegenseitigen Verständnis in sozialen Situationen führen. Auch bei Entwicklungsabweichungen von Kindern und Jugendlichen kann die Lehrkraft angemessen reagieren.

Eine breite gestreute Vielfalt von Trainingsmaßnahmen, die mit der Vermittlung von Kenntnissen und Erfahrungen über Perspektivenübernahme arbeiten, kann in der Schule durchgeführt werden. Hier können Themen wie z. B. interkulturelle Kompetenz, Stereotypen, Konfliktsituationen, Aggressionen und Aktivierung prosozialen Verhaltens mit den Schülern erarbeitet werden.

Zur Entwicklung der Regulation und des Verständnisses von Emotionen 3

Ein entscheidender Einfluss auf ein angepasstes Sozialverhalten und schulischen sowie beruflichen Erfolg geht von einer adäquaten Entwicklung emotionaler Kompetenzen aus. Als Kennzeichen einer so genannten *emotionalen Intelligenz* werden Aspekte genannt, wie z. B. sich selbst motivieren können, seine eigenen Gefühle (an)erkennen und auch die von anderen verstehen zu können, wozu Empathie bzw. die vorgestellte Fähigkeit zur affektiven Perspektivenübernahme vonnöten ist. Darüber hinaus bedarf es aber auch einer adäquaten Emotionsregulation, d. h. der Fähigkeit, die innere Gefühlswelt, aber auch den nach außen gerichteten Emotionsausdruck kontrollieren zu können (Goleman 2009; Mayer & Salovey 1997; Saarni 1999). Die Bedeutung emotionaler Intelligenz zeigt sich daran, dass der EQ offenbar besser als der IQ den Lebenserfolg bzw. die Lebenszufriedenheit eines Menschen vorhersagt, insbesondere was seine sozialen Beziehungen angeht (Felsman & Vaillant 1987; Siegler et al. 2005).

3.1 Der Emotionsbegriff

Für eine Beschäftigung mit sozial-emotionalen Entwicklungsaspekten ist es zunächst wichtig herauszustellen, dass der wissenschaftliche Emotionsbegriff nicht mit dem im Alltag verwendeten Gefühlsbegriff gleichzusetzen ist. Subjektive Gefühle einer ganz bestimmten Qualität sind ein zentraler Bestandteil von Emotionen. Echte Emotionen (im Gegensatz zu Stimmungen, Empfindungen etc.) sind insgesamt durch vier Komponenten gekennzeichnet (Siegler et al. 2005):

a. eine Intention (Annäherung vs. Entfernung),
b. physiologische Veränderungen (z. B. im Hinblick auf die Puls- oder Atemfrequenz),

c. Kognitionen, die entweder bestimmte Gefühle hervorrufen können oder das Gefühlserleben begleiten können und
d. Gefühle einer bestimmten Erfahrungsqualität.

Das Zusammenspiel dieser Komponenten lässt sich an einem konkreten Beispiel gut illustrieren:

> Die Grundschüler Peter und Paul spielen nach dem Unterricht miteinander mit einem Ball. Peter wirft hierbei den Ball in Richtung von Paul und trifft diesen dabei genau im Gesicht. Der bei Paul einsetzende Schmerz ist ein aversiver Reiz und löst den Wunsch aus, dass dieser Zustand bald wieder vorbei ist (a). Es kommt zu einer physiologischen Erregung (b). Geht Paul nun davon aus, dass Peter dies absichtlich gemacht hat (c), verspürt er wahrscheinlich Ärger oder Wut (d). Wenn er dagegen davon ausgeht, dass dies unabsichtlich geschehen ist (c), ist er vielleicht nur traurig darüber, dass ihn der Ball so ungünstig getroffen hat und nun sein Gesicht schmerzt (d).

Bereits an diesem Beispiel zeigt sich der zentrale Stellenwert von kognitiven Prozessen bei der Entstehung von Emotionen. In Abhängigkeit von bestimmten Gedanken und Einschätzungen einer Situation kommt es überhaupt erst zum Auftreten einer ganz bestimmten Emotion. Mittels kognitiver Prozesse können wir unsere Emotionen *regulieren*.

3.2 Die Entwicklung und Bedeutung der Emotionsregulation

Als emotionale Selbstregulation lässt sich die Kompetenz bezeichnen, in angemessener Art und Weise mit seinen eigenen Gefühlen umzugehen und den Emotionsausdruck in sozialen Situationen steuern zu können (Saarni 2002). Eine adäquate Regulation von Emotionen ist entscheidend dafür, sich im Austausch mit anderen Menschen angemessen verhalten und gesetzte Ziele auch tatsächlich erreichen zu können. Sie ermöglicht es, vorhandene Emotionen je nach den Erfordernissen einer Situation zu verstärken oder abzuschwächen und sie in einer sozial akzeptablen Weise auszudrücken.

Diese grundlegende sozial-emotionale Kompetenz erwerben Kinder sukzessiv in mehreren Entwicklungsetappen (Siegler et al. 2005; Holodynski & Friedlmeier 2006; Malti et al. 2009). Kleinkinder verfügen nur über sehr gering ausgeprägte emotionale Regulationsfähigkeiten. Vor allem in den ersten Lebensmonaten sind sie sehr stark auf ihre Eltern angewiesen, wenn sie ängstlich sind oder sich aus irgendeinem Grund nicht wohl fühlen, um ihren „Gefühlshaushalt" wieder auszuba-

3.2 Die Entwicklung und Bedeutung der Emotionsregulation

lancieren. Eltern beruhigen ihre Kinder z. B. dadurch, dass sie Körperkontakt herstellen, singen oder versuchen, ihre Aufmerksamkeit auf andere Dinge zu lenken.

Mit dem Kleinkind- und Vorschulalter entsteht allmählich die Fähigkeit zur Selbstregulation der emotionalen Zustände. Die Kinder können sich ablenken, wenn sie sich unwohl fühlen, indem sie z. B. von sich aus mit dem Spielen beginnen. Ein entscheidender Faktor sind die zunehmenden sprachlichen Kompetenzen. Diese ermöglichen es ihnen, dass sie mit ihren Eltern über aufregende emotionale Situationen sprechen können, bei denen sie Trost finden. In einer potentiell Wut auslösenden Situation können sie ihre negativen Emotionen regulieren, indem sie mit anderen Kindern diskutieren und dadurch versuchen, die Situation so zu verändern, dass sie mehr ihren Bedürfnissen entspricht (Kopp 1992). Außerdem sind sie ab etwa vier Jahren in der Lage, sofort verfügbare kleinere Belohnungen zugunsten größerer Belohnungen aufzuschieben, auf die sie länger warten müssen (Kochanska et al. 2001).

Ab dem Schulalter verlagert sich die Emotionsregulation von der Verhaltensebene stärker nach innen. Während die jüngeren Kinder beim gerade erwähnten „Belohnungsaufschub" auf Strategien wie körperliches Abwenden nutzen oder sich die Augen zuhalten, während sie vor begehrten Süßigkeiten sitzen, können die älteren Kinder zunehmend auf *kognitive Strategien* zurückgreifen. Z. B. denken sie über diese Süßigkeiten in einer sehr abstrakten Weise nach („Was könnte man aus den Zuckerstangen bauen?", statt: „Wie mögen sie wohl schmecken?"), um die Versuchung abzuwehren. Indem sie über ihre Ziele oder die Bedeutung von Ereignissen nachdenken, können sie ihr Verhalten flexibel an Situationen anpassen. Beispielsweise können sie eine Situation, in der sie von Klassenkameraden gehänselt werden, dadurch entschärfen, dass sie die Bedeutung der Hänselei herunterspielen und damit nicht auf eine Art und Weise reagieren, die evtl. noch mehr Angriffe nach sich gezogen hätte (Siegler et al. 2005).

In der späteren Kindheit und dem Jugendalter sind die Heranwachsenden immer mehr in der Lage, kognitive oder Verhaltensstrategien auszuwählen, die zu einer Verringerung von Stress in einer bestimmten Situation geeignet sind (Brenner & Salovey 1997). Diese Fähigkeit wird unter anderem dadurch realisiert, dass sie besser unterscheiden können zwischen kontrollierbaren Situationen (wie Hausaufgaben) und unkontrollierbaren Situationen (wie eine Operation aufgrund einer Krankheit), in denen ein abwehrendes Verhalten sinnlos erscheint (Siegler et al. 2005).

Nicht alle Kinder und Jugendlichen können ihre Emotionen gleichermaßen gut regulieren. Manche Kinder weisen schon von ihrer Veranlagung her eine geringere emotionale Erregbarkeit auf und machen daher einen ausgeglicheneren Gesamteindruck als andere. Wiederum gibt es Kinder, die besonders versiert darin sind,

3 Zur Entwicklung der Regulation und des Verständnisses von Emotionen

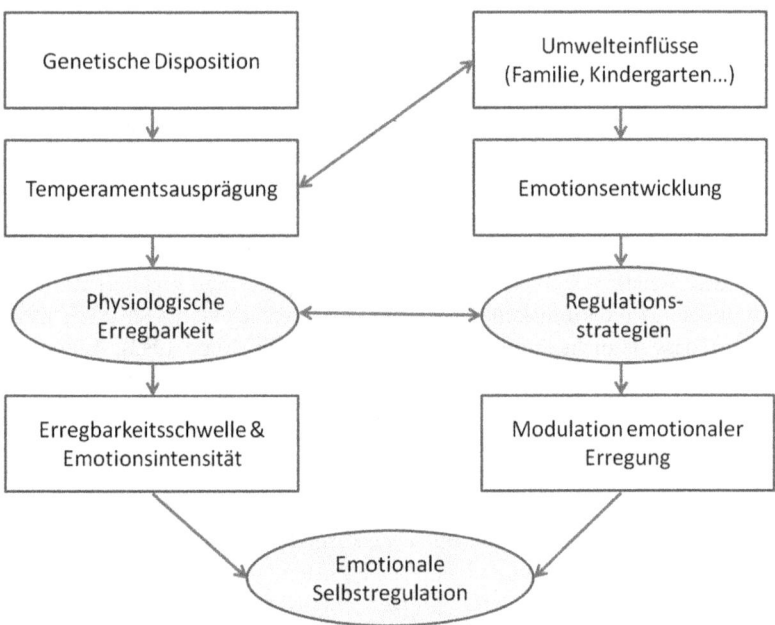

Abb. 3.1 Komponenten der emotionalen Selbstregulation (in Anlehnung an Petermann & Wiedebusch 2008)

mit den eigenen Emotionen umzugehen. Nach Petermann und Wiedebusch (2003) muss man daher zwei Komponenten unterscheiden (s. Abb. 3.1): die größtenteils genetisch bedingte *physiologische Erregbarkeit* und die *Verfügbarkeit von Regulationsstrategien*.

Im Falle einer stärkeren physiologischen Erregbarkeit ist das Risiko höher, dass Kinder emotionale und Verhaltensprobleme entwickeln (ebd.). Allerdings kann die physiologische Reaktivität durch äußere Einflüsse verändert werden. Die Kinder lernen vor allem am Modell der Eltern und anderer wichtiger Bezugspersonen, wie diese mit ihren Emotionen umgehen, was sich günstig oder ungünstig auf die eigene emotionale Erregbarkeit auswirken kann.

Auch das Verfügen über adäquate Regulationsstrategien ist ein wichtiger Faktor eines gelungenen Sozialverhaltens. Ein unangemessener Umgang mit den eigenen Emotionen führt dagegen auf Dauer zu Problemen. So führt einerseits eine starke Tendenz zur Unterdrückung negativer Emotionen und andererseits ein langwieriges „Überwältigtsein" von Emotionen auf Dauer zu psychischen Problemen (Hayes et al. 1999; Hayes & Feldman 2004; Malti et al. 2009).

3.3 Die Entwicklung und Bedeutung des Emotionsverständnisses

Eine weitere zentrale sozial-emotionale Schlüsselkompetenz ist das Emotionsverständnis (Mayer & Salovey 1997; Saarni 1999), das auch für eine adäquate Regulation von Emotionen wichtig ist. Es ist die Kompetenz, Emotionen bei sich selbst und anderen identifizieren zu können und zu wissen, was sie bedeuten, was sie beeinflusst und welche sozialen Funktionen sie besitzen. Die zuvor beschriebene Fähigkeit zur emotionalen Perspektivenübernahme lässt sich als eine zentrale Komponente des Emotionsverständnisses verstehen.

Auch diese Fähigkeit entwickelt sich in bestimmten Etappen. Nach Banerjee (1997) können hier drei Entwicklungsphasen ausfindig gemacht werden: Bereits in den ersten Lebensjahren entwickeln Kinder ein grundlegendes Verständnis von mimischen Emotionsausdrücken und erlernen auch zunehmend die Bedeutung vieler Emotionswörter. Sie unterscheiden positive von negativen Emotionen im mimischen und stimmlichen Emotionsausdruck und reagieren bereits in unterschiedlicher Weise auf verschiedene Gesichtsausdrücke ihrer Bezugspersonen. In der zweiten Entwicklungsetappe erlangen sie ein kognitives Verständnis von Emotionen als subjektiv erlebte Zustände und schließlich bauen sie die Fähigkeit aus, dieses kognitive Emotionsverständnis auch anzuwenden.

Auch wenn Säuglinge bereits in den ersten Lebensmonaten zwischen verschiedenen Emotionsausdrücken unterscheiden können, ist davon auszugehen, dass sie erst mit ca. sieben Monaten den Emotionsausdrücken anderer Personen eine Bedeutung zuschreiben (Walker-Andrews & Dickson 1997). Mit ca. acht bis zwölf Monaten entwickeln die Kinder die Fähigkeit des *sozialen Referenzierens*, das heißt, sie nutzen die mimischen und stimmlichen Reaktionen der Eltern, um zu entscheiden, wie sie mit einer neuartigen, mehrdeutigen oder potentiell bedrohlichen Situation umgehen sollen. Wenn ein großer Hund vor ihnen steht, könnten sie beispielsweise versuchen, am Gesicht der Mutter zu erkennen, ob von diesem Tier eine Gefahr ausgeht (Siegler et al. 2005).

Mit drei Jahren können Kinder viele (vor allem positive) *Emotionen identifizieren*. Die Fähigkeit zwischen verschiedenen negativen Emotionen zu differenzieren, entwickelt sich hingegen erst im späteren Vorschulalter und in den ersten Schuljahren (Eisenberg et al. 1997). Noch später, also erst ab der mittleren Grundschule, können Kinder komplexe Emotionen (wie Stolz, Verlegenheit, Scham und Schuld), die eine selbstreflektorische Komponente beinhalten, benennen. Insgesamt gilt, dass das Emotionsverständnis stark an die sprachlichen Fertigkeiten eines Kindes gekoppelt ist (Cutting & Dunn 1999).

Ein weiterer relevanter Aspekt des Emotionsverständnisses, der es ermöglicht, Verhalten und Motive bei sich selbst und bei anderen zu verstehen, ist das *Erkennen von Emotionsauslösern*. In den ersten drei Lebensjahren entwickeln Kinder die Fähigkeit, den grundlegendsten Emotionen entsprechende Situationen zuzuordnen (von Salisch 2000). Allerdings scheinen sie zunächst die Ursachen von negativen Emotionen eher zu verstehen als die von positiven Emotionen (Denham 1998). Ab dem Vorschulalter ist die Mehrzahl der Kinder dazu in der Lage, die verschiedenen Ursachen von Emotionen zu benennen. Außerdem verstehen sie nun, dass es für die gleichen Gefühle bei unterschiedlichen Personen verschiedene Auslöser geben kann (ebd.). Mit dem Älterwerden und dem damit verbundenen größeren Erfahrungsreichtum erweitern die Kinder ihr Wissen über die Bandbreite möglicher Auslöser und situativer Einflussfaktoren. Außerdem lernen sie zunehmend, dass Kognitionen wie Wünsche, Überzeugungen und Erwartungen einen Einfluss auf Emotionen haben (Saarni et al. 1998; Petermann & Wiedebusch 2008).

3.4 Die Bedeutung sozial-emotionaler Kompetenzen für das Sozialverhalten und schulischen Erfolg

Sozial-emotionale Fertigkeiten sind entscheidende Determinanten für ein gelungenes Sozialverhalten (Eisenberg & Fabes 1999; Wiedebusch 2007). Es ist möglich, anhand der emotionalen Fertigkeiten von Kindergartenkindern (Emotionsausdruck, Emotionsverständnis und Emotionsregulation) ihr späteres Sozialverhalten vorherzusagen (Denham et al. 2003). Ebenso zeigt sich, dass bei verhaltensauffälligen Kindern sehr häufig verschiedene emotionale Schlüsselfertigkeiten nur unzureichend ausgeprägt sind. Insbesondere weisen sie Defizite im Erkennen des mimischen Emotionsausdrucks anderer Personen auf und haben insgesamt ein geringeres Emotionswissen (Bohnert et al. 2003). Dies kann ihre Schwierigkeiten im sozialen Kontext gut erklären. Denn wenn ein Kind anhand des Gesichtsausdrucks seines Gegenübers dessen emotionalen Zustand nicht erschließen kann, wird es sein eigenes Verhalten auch nicht an die situativen Erfordernisse anpassen können.

Beispiel

Tom ist 10 Jahre alt und besucht die vierte Klasse einer Grundschule. Häufig schlägt er seine Mitschüler ohne ersichtlichen Grund. Seine Lehrerin bezeichnet ihn als besonders aggressiv. Tom kann diese Anschuldigungen nicht verstehen, da er sich stets von den Mitschülern angegriffen fühlt. Immer wenn er eine Frage beantworten muss, hat er den Eindruck, dass die anderen ihn provokativ anschauen. Er hat das Gefühl, dass ihn alle auslachen. Nach der Stunde rächt er sich an den Mitschülern und hofft, dass diese ihn in der nächste Stunde nicht mehr mit Blicken durchbohren.

Ebenso hat man festgestellt, dass aggressives Verhalten und Mobbing im schulischen Kontext (auch „Bullying" genannt) mit einer dysfunktionalen Emotionsregulation zusammenhängt (Buckley et al. 2003). Dieser Befund ist auch darin begründet, dass diese Kinder emotionale Fertigkeiten, die Voraussetzung für prosoziales Verhalten und Empathie sind (wie z. B. die Fähigkeit zur emotionalen Perspektivenübernahme) nur unzureichend entwickelt haben (Eisenberg et al. 1997).

Natürlich bleibt die schulische Leistungsfähigkeit und Lernbereitschaft hiervon nicht unberührt (Wiedebusch 2007). Bei Kindern, die im Kindergartenalter über eine altersangemessene sozial-emotionale Kompetenz verfügen, lässt sich später auch eine positivere Einstellung zur Schule feststellen. Sie können sich an den Schulalltag besser anpassen und weisen größere schulische Erfolge auf (Denham 2006; Raver 2002). Dagegen weisen Kinder mit sehr gering ausgeprägten sozial-emotionalen Fertigkeiten eine unzureichende Schulreife, geringere schulische Leistungen und eine größere Anzahl von Konflikten mit ihren Mitschülern auf (Blair 2002). Neben der Emotionsregulation und dem Emotionsverständnis hat auch die reine qualitative Beschaffenheit des emotionalen Erlebens einen Einfluss auf die schulische Leistungsfähigkeit. So konnten Roeser, Wolf und Strobel (2001) nachweisen, dass ein häufiges Erleben von negativen Emotionen die Lernfähigkeit dezimiert, wohingegen die Dominanz positiver Emotionen mit höheren Lernleistungen einhergeht (Izard 2002).

Durch die mangelhaften sozial-emotionalen Kompetenzen kommt es bei den betroffenen Kindern zu einem häufigeren Auftreten von negativen Emotionen und einer unzureichenden Emotionsregulation. Mit der Einschulung haben sie es deshalb schwerer, sich an das schulische Umfeld anzupassen, sind weniger in den Klassenverband integriert und erhalten auch weniger positives Feedback von der Lehrperson. Hierdurch steigt die Wahrscheinlichkeit für Schulprobleme wie Schulunlust, eine geringe Lernbereitschaft und schulische Misserfolge. Das kann auf Dauer einerseits zu starken schulischen Leistungsdefiziten und einer verzögerten Schullaufbahn führen und andererseits ein gestörtes Sozialverhalten und auch Drogen- und Alkoholmissbrauch verursachen.

Lemerise und Arsenio (2000) erweitern das Modell der sozialen Informationsverarbeitung von Crick und Dodge (1994) um eine emotionale Komponente und zeigen, welche Bedeutung diese für die Verarbeitung von Reizen in sozialen Situationen hat. Im ursprünglichen und im aktualisierten Modell werden sechs Schritte der Informationsverarbeitung angenommen. Die Reize werden zuerst von einem

Individuum registriert und interpretiert, anschließend werden Zielvorstellungen entwickelt, Verhaltensalternativen konstruiert und eine Entscheidung darüber getroffen, welche Alternative ausgewählt wird. Abschließend wird das Verhalten durchgeführt. Grundlage für die Informationsverarbeitung ist eine kognitive Datenbank. Bedeutsame Komponenten dieser Datenbank sind das Gedächtnis, erworbene Regeln, soziale Schemata, soziales Wissen und affektive Verknüpfungen von Ereignissen. Diese werden von emotionalen Prozessen beeinflusst. Die affektiven Prozesse beziehen sich auf die Emotionalität bzw. das Temperament des Individuums, die Emotionsregulation sowie die aktuelle Stimmung und Hintergrundemotion. Lemerise und Arsenio (2000) postulieren, dass sich die affektiven Prozesse auf alle sechs Schritte der Informationsverarbeitung und auf die Datenbank auswirken. Zum Beispiel beeinflusst der aktuelle emotionale Zustand und die empfundene Intensität einer Emotion die Wahrnehmung und die Interpretation von Hinweisreizen. Wenn Wut oder Ärger stark dominieren, kann das Individuum sich auf potentiell bedrohliche Reize konzentrieren oder sogar neutrale Hinweisreize als potentiell bedrohlich interpretieren. Auch die Zielvorstellungen, die Konstruktion und Auswahl von Verhaltensalternativen sowie das Verhalten kann durch emotionale Prozesse beeinflusst werden. Positive Emotionen können z. B. die Generierung mehrerer Verhaltensalternativen ermöglichen und die Auswahl und Ausübung eines angemessenen Verhaltens bewirken.

4 Diagnostik, Prävention und Intervention

Aufgrund dieser schwerwiegenden Auswirkungen ist eine frühzeitige Diagnostik von sozial-emotionalen Defiziten geboten, um diesen gezielt entgegen steuern zu können. Während bei Kleinkindern vor allem Verfahren eingesetzt werden, die auf das emotionale Erleben und das Emotionsverständnis abzielen, steht bei Vorschul- und Schulkindern die Diagnostik der Emotionsregulation im Mittelpunkt.

Ein Erhebungsverfahren, das das Emotionsverständnis (hier von Grundschulkindern) ermitteln soll, ist das *Kusche Affective Interview* (Kusche et al. 1988; Petermann & Wiedebusch 2008, S. 186 f). Die Fähigkeit zur Emotionsregulation von Kindern und Jugendlichen kann mit dem *Cognitive Emotion Regulation Questionnaire* (CERQ bzw. CERQ-k; Garnefski et al. 2007) ermittelt werden.

Aufgrund der Erhebungen können die Kinder, bei denen Defizite in einem oder mehreren Bereichen der sozial-emotionalen Schlüsselfertigkeiten bestehen, gezielt gefördert werden. So wird späteren sozialen und schulischen Problemen entgegen gewirkt. Programme wie *Emotions Course* (EC; Izard et al. 2004), *Promoting Alternative Thinking Strategies – Curriculum* (PATHS; Greenberg et al. 1995) oder das *Verhaltenstraining für Schulanfänger* (Petermann et al. 2006) zielen darauf ab, die Wahrnehmung und einen angemessenen Ausdruck von Emotionen zu verbessern, das Emotionsverständnis zu erhöhen, eine funktionale Emotionsregulation zu erzielen und hierdurch verbesserte empathische Fähigkeiten und prosoziales Verhalten der Kinder zu erreichen. Hierzu üben die Kinder, Emotionsausdrücke auf Bildern zu erkennen und zu diskutieren, wie man sich in bestimmten emotionalen Zuständen fühlt und wie man z. B. angemessen mit negativen Emotionen umgehen sollte. Längsschnittuntersuchungen belegen den Erfolg solcher Verfahren (z. B. Izard et al. 2004; Greenberg et al. 1995; Kam et al. 2003).

Literatur

Acredolo, L. P. (1977). Developmental changes in the ability to coordinate perspectives of a large-scale space. *Developmental Psychology, 13*, 1–8.
Acredolo, L. P. (1979). Laboratory versus home: The effect of environment on the 9-month-old infant's choice of spatial reference system. *Developmental Psychology, 15*, 666–667.
Banerjee, M. (1997). Peeling the onion: A multilayered view of children's emotional development. In S. Hala (Ed.), *The development of social cognition. Studies in developmental psychology* (pp. 241–272). Hove: Psychology Press.
Blair, C. (2002). School readiness: integrating cognition and emotion in a neurobiological conceptualization of children's functioning at school entry. *American Psychologist, 57*, 111–127.
Bohnert, A. M., Crnic, K. A., & Lim, K. G. (2003). Emotional competence and aggressive behavior in school-age children. *Journal of Abnormal Child Psychology, 31*, 79–91.
Borke, H. (1971). Interpersonal perception of young children: Egocentrism or empathy? *Develpmental Psychology, 5*, 263–269.
Brenner, E. M., & Salovey, P. (1997). Emotion regulation during childhood. In P. Salovey & D. Sluyter (Eds.), *Teaching in the heart of the classroom: Emotional development, emotional literacy, and emotional intelligence* (pp. 168–192). New York: Basic Books.
Buckley, M., Storino, M., & Saarni, C. (2003). Promoting emotional competence in children and adolescents. Implications for school psychologists. *School Psychology Quarterly, 18*, 177–191.
Chandler, M. J., & Greenspan, S. (1972). Ersatz egocentrism: A reply to H. Borke. *Developmental Psychology, 7*, 104–106.
Crick, N. R., & Dodge, K. A. (1994). A review and reformulation of social information-processing mechanisms in children's social adjustment. *Psychological Bulletin, 115*(1), 74–101.
Cutting, A. L., & Dunn, J. (1999). Theory of mind, emotion understanding, language and family background: Individual differences and interrelations. *Child development, 70*, 853–865.
Denham, S. A. (1998). *Emotional development in young children*. New York: Guilford.
Denham, S. A. (2006). Social-emotional competence as support for school readiness: What is it and how do we assess it? *Early Education and Development, 17*, 57–89.
Denham, S. A., Blair, K., DeMulder, E., Levitas, J., Sawyer, K., Auerbach-Major, S., & Queenan, P. (2003). Preschool emotional competence: Pathway to social competence. *Child Development, 74*, 238–256.

Eisenberg, N., & Fabes, R. A. (1999). Emotion, emotion-related regulation, and quality of socioemotional functioning. In L. Balter & T. S. Tamis-LeMonda (Eds.), *Child psychology* (pp. 318–335). Philadelphia: Psychology Press.

Eisenberg, N., Murphy, B., & Shepard, S. (1997). The development of empathic accuracy. In W. Ickes (Ed.), *Empathic accuracy* (pp. 73–116). New York: Guilford Press.

Felsman, J. K., & Vaillant, G. E. (1987). Resilient children as adults. A 40-year study. In E. J. Anderson & B. J. Cohler (Eds.), *The invulnerable child* (pp. 211–228). New York: Guilford.

Fishbein, H. D., Lewis, S., & Keiffer, K. (1972). Children's understanding of spatial relations: Coordination of perspectives. *Developmental Psychology, 7*, 21–33.

Garnefski, N., Rieffe, C., Jellesma, F., Meerum Terwogt, M., & Kraaij, V. (2007). Cognitive emotion regulation strategies and emotional problems in 9–11-year-old children. *European Child and Adolescent Psychiatry, 16*, 1–9.

Garz, D. (2008). *Sozialpsychologische Entwicklungstheorien. Von Mead, Piaget und Kohlberg bis zur Gegenwart.* Wiesbaden: VS Verlag.

Geulen, D. (1982). Einführung. In D. Geulen. (Hrsg.), *Perspektivenübernahme und soziales Handeln* (S. 11–23). Frankfurt: Suhrkamp.

Goleman, D. (2009) [1995]. *Emotionale Intelligenz.* München: DTV.

Greenberg, M. T., Kusche, C. A., Cook, E. T., & Quamma, J. P. (1995). Promoting emotional competence in school-aged children: The affects of the PATHS curriculum. *Development and Psychopathology, 7*, 119–128.

Hayes, S. C., & Feldman, G. (2004). Clarifying the construct of mindfulness in the context of emotion regulation and the process of change in therapy. *Clinical Psychology, 11*, 255–262.

Hayes, S. C., Strosahl, K. D., & Wilson, K. G. (1999). *Acceptance and commitment therapy.* New York: Guilford Press.

Holodynski, M., & Friedlmeier, W. (2006). *Emotionen – Entwicklung und Regulation.* Heidelberg: Springer.

Izard, C. E. (2002). Translating emotion theory and research into preventive interventions. *Psychological Bulletin, 128*, 796–824.

Izard, C. E., Trentacosta, C. J., King, K. A., & Mostow, A. J. (2004). An emotion-based prevention program for head start children. *Early Education and Development, 15*, 407–422.

Johnson, D. W. (1975). Affective perspective taking and cooperative disposition. *Developmental Psychology, 11*, 869–870.

Kam, C. M., Greenberg, M. T., & Walls, C. T. (2003). Examining the role of implementation quality in school-based prevention using the PATHS curriculum. *Prevention Science, 4*, 55–63.

Kochanska, G., Coy, K. C., & Murray, K. T. (2001). The development of self-regulation in the first four years of live. *Child Development, 72*, 1091–1111.

Kopp, C. B. (1992). Emotional distress and control in young children. In N. Eisenberg & R. A. Fabes (Eds.), *Emotion and its regulation in early development* (pp. 41–56). San Francisco: Jossey-Bass.

Kusche, C. A., Greenberg, M. T., & Beilke, B. (1988). The Kusche affective interview. Unveröffentlichtes Manuskript, Department of Psychology, University of Washington, Seattle.

Lemerise, E. A., & Arsenio, W. F. (2000). An integrated model of emotion processes and cognition in social information processing. *Child Development, 71*, 107–118.

Lockl, K., Schwarz, S., & Schneider, W. (2004). Sprache und Theory of Mind: Eine Längsschnittstudie bei Drei- bis Vierjährigen. *Zeitschrift für Entwicklungspsychologie und Pädagogische Psychologie, 36*, 207–220.

Malti, T., Häcker, T., & Nakamura, Y. (2009). *Kluge Gefühle. Sozial-emotionales Lernen in der Schule.* Zürich: Pestalozzinanum.
Marsh, D. T., Serafica, F. C., & Barenboim, C. (1980). Effect of perspective-taking training on interpersonal problem solving. *Child Development, 51,* 140–145.
Mayer, J. D., & Salovey, P. (1997). What is emotional intelligence? In P. Salovey & D. Sluyter (Eds.), *Emotional development and emotional intelligence* (pp. 3–31). New York: Basic Books.
Meltzoff, A. N. (1990). Foundations for developing a concept of self: The role of imitation in relating self to other and the value of social mirroring, social modeling, and self practice in infancy. In D. Cicchetti & M. Beeghly (Eds.), *Self in transition: Infancy to childhood* (pp. 139–164). Chicago: University of Chicago Press.
Pendry, L. (2007). Soziale Kognition. In K. Jonas, W. Stroebe, & M. Hewstone (Hrsg.), *Sozialpsychologie* (S. 111–146). Berlin. Springer.
Perner, J., & Wimmer, H. (1985). "John *thinks* that Mary *thinks* that…" attribution of second-order beliefs by 5- to 10-year-old children. *Journal of Experimental Child Psychology, 39,* 437–471.
Petermann, F., & Wiedebusch, S. (2008). *Emotionale Kompetenz bei Kindern.* Göttingen: Hogrefe.
Petermann, F., Natzke, H., Gerken, N., & Walter, H. J. (2006). *Verhaltenstraining für Schulanfänger.* Göttingen: Hogrefe.
Piaget, J. (2003). *Meine Theorie der geistigen Entwicklung.* Weinheim: Beltz.
Raver, C. C. (2002). Emotions matter: Making the case for the role of young children's emotional development for early school readiness. *Social Policy Report, 16,* 3–18.
Roberts, W., & Strayer, J. (1996). Empathy, emotional expressiveness and prosocial behavior. *Child Development, 67,* 449–470.
Roeser, R. W., Wolf, K., & Strobel, K. R. (2001). On the relation between social-emotional and school functioning during early adolescence. Preliminary findings from Dutch and American samples. *Journal of School Psychology, 39,* 111–139.
Saarni, C. (1999). *The development of emotional competence.* New York: Guilford Press.
Saarni, C., Mumme, D. L., & Campos, J. J. (1998). Emotional development: Action, communication, and understanding. In W. Damon & N. Eisenberg (Eds.), *Handbook of child psychology, Vol. 3: Social, emotional, and personality* (pp. 237–309). New York: Wiley.
Selman, R. L. (1982). Sozial-kognitives Verständnis: Ein Weg zu pädagogischer und klinischer Praxis. In D. Geulen (Hrsg.), *Perspektivenübernahme und soziales Handeln* (S. 223–256). Frankfurt: Suhrkamp.
Selman, R. L.(1984). *Die Entwicklung des sozialen Verstehens.* Frankfurt: Suhrkamp.
Siegler, R., DeLoache, J., & Eisenberg, N. (2005). *Entwicklungspsychologie im Kindes- und Säuglingsalter.* München: Spektrum.
Sodian, B. (2007). Entwicklung der Theory of Mind in der Kindheit. In H. Förstl (Hrsg.), *Theory of Mind* (S. 43–56). Heidelberg: Springer.
Steins, G., & Wicklund, R. A. (1993). Zum Konzept der Perspektivenübernahme: Ein kritischer Überblick. *Psychologische Rundschau, 44,* 226–239.
Von Salisch, M. (2000). *Wenn Kinder sich ärgern. Emotionsregulation in der Entwicklung.* Göttingen: Hogrefe.
Walker, L. (1980). Cognitive and perspective-taking prerequisites for moral development. *Child Development, 51,* 131–139.

Walker-Andrews, A. S., & Dickson, L. R. (1997). Infants' understanding of affect. In S. Hala (Ed.), *The development of social cognition* (pp. 161–186). West Sussex: Psychology Press.

Wellman, H. M., Cross, D., & Watson, J. (2001). Meta-analysis of theory-of-mind development: The truth about false belief. *Child Development, 72*, 655–684.

Wiedebusch, S. (2007). Förderung sozial-emotionaler Kompetenzen. In F. Petermann & W. Schneider (Hrsg.), *Angewandte Entwicklungspsychologie* (S. 135–161). Göttingen: Hogrefe.

Wimmer, H., & Perner, J. (1983). Beliefs about beliefs: Representation and constraining function of wrong beliefs in young children's understanding of deception. *Cognition, 13*, 103–128.

GPSR Compliance

The European Union's (EU) General Product Safety Regulation (GPSR) is a set of rules that requires consumer products to be safe and our obligations to ensure this.

If you have any concerns about our products, you can contact us on

ProductSafety@springernature.com

In case Publisher is established outside the EU, the EU authorized representative is:

Springer Nature Customer Service Center GmbH
Europaplatz 3
69115 Heidelberg, Germany

www.ingramcontent.com/pod-product-compliance
Lightning Source LLC
Chambersburg PA
CBHW071806110426
42873CB00046B/377